별빛 찾아가는 길

석 동 호 石東皓 시인

석동호정형외과
관절수술전문센터 원장
정형외과 전문의, 의학박사
《순수문학》을 통하여 문단에 데뷔
부산시인협회 부이사장 역임
부산시인협회 부회장 역임
동맥문학동인회 창립
멜로매니아성악동호회 회장 역임
조선대의대 및 인제의대대학원 졸업
인제의대부산백병원정형외과전문의
세일병원부원장, 행림병원장 역임
하버드의대, 피츠버그의대 객원교수
시집 : 『바람도 빛나는 어머니 풍경』
　　　『내 노래의 빈터에는』
　　　『별빛 찾아가는 길』
E-mail : sukglory@naver.com

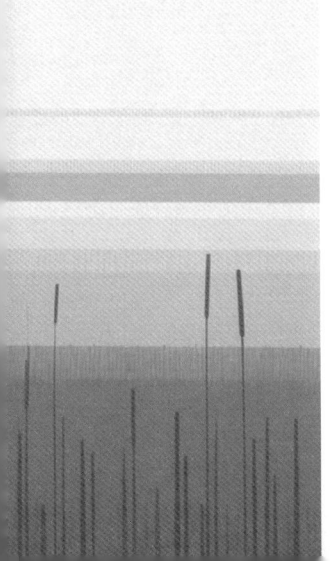

표지 글씨 : 김종 (시인, 화가)
표지 그림 : 석신혜(레호 대표 겸 디자이너)

빛남시선 168

별빛 찾아가는 길

석
동
호
시
집

빛남출판사

• 자서

시여,

그대는
외로운 날들을 기댄 따뜻한 숨결이었고
눈물을 지켜 주신 어머니의 눈빛이었습니다

분노는 그대 앞에서 실타래처럼 풀렸었고
위로의 꽃이 된 그리움의 언어들이
내 영혼의 뜨락에 만발했습니다

그대와 함께한 나날들, 과분한 기쁨입니다
참 빛나고 숭고한
오늘을 위한 감사입니다

2025년 초가을 해운대에서
석동호 삼가

자서 • 7

수평선을 읽다

1부

수평선을 읽다 • 14

죽음의 꽃 능선 따라 • 16

죽음의 생명 • 17

1003번지의 겨울 • 18

바람의 씨앗을 심는 계절 • 20

애월의 밤하늘 • 22

베띠의 운명 • 24

꽃으로 피어난 바다 • 26

지하철의 눈 풍경 • 28

빛의 소리 • 29

길과 시詩 • 30

미순 님의 무릎 병상 일기 • 32

신경의 불꽃, 대상포진 • 34

바다가 부르는 아리아 • 36

밤바다 1 • 37

2부 그리움의 변명

바다의 새벽 사랑 1 • 40

바다의 새벽 사랑 2 • 42

첫눈 • 43

봄날 • 44

홀로서기 • 46

별빛 찾아가는 길 • 47

책장을 치우면서, 책들의 비명이 • 48

모래성 1 • 50

사랑의 무덤 • 51

조용한 눈 • 52

책장 뒤의 나 • 54

이별 이후 2 • 56

사랑은 형벌이다 • 58

그리움의 변명 • 60

내가 너의 별인 것처럼, • 61

3부

시린 가슴으로 강물이 흐를 때

물망초 • 64

삶 • 65

생맥주와 청춘 • 66

청춘 유감 • 68

해후 • 69

황혼의 연가 • 70

밤하늘의 사춘기 • 72

나트랑 언덕에 부는 바람 • 73

하늘 유감 • 74

시린 가슴으로 강물이 흐를 때 • 76

필름 속 그림자가 어른거릴 때 • 78

우리들의 모래 • 79

수술실의 나의 투명 동반자 • 80

그리움이라는 이름의 게놈 • 82

가을바람 뷔페 • 83

어머니와 피아노 • 84

남은 자의 슬픔

4부

남은 자의 슬픔 • 88

나의 시에는 • 89

편지 2 • 90

하늘의 끝을 바라보며 • 93

유가네 부잣집 아들 고향 친구 이야기 • 94

친구를 찾다 • 96

희생양, 울부짖다 • 98

소방차와 저수지 • 100

공정과 상식이여 탈을 벗어라! • 102

종교의 탈 • 104

강가에서 올리는 새 아침의 기도 • 106

너무 빠른 천국길, 어찌 보낼까요 • 108

하늘의 탄식 4 • 112

하늘의 탄식 5 • 114

피 같은 생명의 꽃들을 때리지 마라! • 116

해설 / 정훈(문학평론가)
영혼과 생명을 위한 송가頌歌 • 124

1 수평선을 읽다

수평선을 읽다

하늘이 어깨를 내리고 바다에 닿을 때
아픈 여생의 신열身熱을 침묵으로 답하는 바다

선 하나로
하나가 되는 하늘과 바다는
파도의 순명殉命을 구름 태워
신비의 체위로 바다에 안기는데

바다는 하늘의 젖꼭지를 꿈꾸듯 빨아
눈부신 꽃대를 세워 무지개로 떠 있네

모였다 흩어지고 다시 모이는 하늘과 바다

송곳니 같은 파도가
인고의 바람을 몰아갈 때
서로를 어루만지며 태초의 별자리를 잉태했네

달려오고 달려나가 옷고름 여미는
어울림은 수줍은 은유,

큰 언약 하나 지구 밑동에 심어 놓고
태풍의 눈에 거대한 시의 적막을 드리운 채
바다는 수평선 위에 황홀한 하늘을 업었네

죽음의 꽃 능선 따라

– 대퇴골두 무혈성 괴사

망각의 늪으로 절름거리며 걸어가는
다리뼈가 심긴 관절에 통증이 산다
눈물도 없는 마른 혈관이 산다
산다는 것은 고통을 안고 걷는 것

삶의 천장을 이루는 머리 꼭대기에서
그대의 빛나는 피의 흔적들이
아틀라스의 굳은 눈물처럼
혼신을 다하여 떠받치다 쓰러지다

심장이 다 닳도록 품어내 보지만
그대가 오르는 산길 숨차오르다
산마루 지나치다 마주친 메아리의 손길
노년의 가장자리에
숨 가쁜 서러운 혈구들 복받치다

산다는 것은 죽는다는 것
죽는다는 것은 산다는 것

＊대퇴골두 무혈성 괴사: 엉덩이관절에 해당하는 대퇴골두에
　혈액순환이 되지 않아 뼈가 썩어가는 병.

죽음의 생명

 죽음에도 생명이 있다는 사실을 목격한 이들이 그 놀라운 열역학 엔트로피의 법칙을 죽은 이들에게 내밀며 죽음은 원자들이 잠시 흩어질 뿐이라며 유식한 너스레를 떤다 남은 것은 여명도 송두리째 앗아간 또 하나의 죽음이 지상의 종지부에 저항을 한 순간, 그 죽음의 목소리를 들은 영혼이 시공을 초월하여 살아 있음을 손짓한다 스올의 벽을 치며 슬픔의 통로를 빠져나와 시위를 하는 흩어진 원자들이 모여 사는 우주의 마을에 새로이 피어난 영혼의 꽃들이 반가운 소식을 전한다 죽음이 영원한 것을 생명으로 치고, 살아서 돌고 있는 바람개비 언덕에서 두 팔 벌려 죽음을 영원히 죽이고 있다

1003번지의 겨울

내 고향 송정리
1003번지는
지금도 눈이 내리고 있을까

역전 가로등에 흔들리는
얼어붙은 누이의 실루엣 ……

찬바람만 파고드는
1003번지의 치마 속,
폐허의 세월

거부할 수 없는
생존의 시간을 부둥켜안고

구겨진 지폐 몇 장에
누이의 겨울은
허기진 눈꽃을 피웠다

골목마다 숨겨진
생의 수챗구멍 사이로
빨려 들어가는 가난은
낯설은 욕망의 무덤 위에서

신음을 삼키었다

눈은 퍼붓고
길은 사라지고
오늘밤 누이들의 꿈은
어디쯤 가고 있을까

누가 고향 눈이라 했나
어머니…
어머니…

흔들리는 실루엣,

어둠 속으로
눈꽃이 핀다
눈꽃이 진다

*송정리 1003번지: 광주의 송정역 앞에 수십 곳의 여관 여인숙
  이 밀집했던 집장촌이다.

바람의 씨앗을 심는 계절

이제는
긴 겨울을 떠나리라

하늬바람 샅바 틈에 부르튼 손 털며
잔설 등허리에 곤한 몸 붙일 게다

깃발처럼 펄럭이는 아쉬움일랑
심장 가까운 내리막길에 맡겨 두고
긴 겨울의 벼랑을 마음먹고 떠나리라

지층 깊숙이 숨 쉬고 있는
믿음이 뿌리내린 그루터기,
그 곧은 뼈의 강직한 눈망울
새싹 되어 피어날 즈음

숭고한 이별을 너에게 고하거나
대지에 발 두둑 치며
봄날을 느껴보리라

사랑하는 일도
문을 여는 겨울바람이러니

이제는 일기를 쓰듯
고요한 너의 하루 하루를
이별의 고랑 고랑에 씨앗 뿌리며
다시 피어나 달려나올
바람의 깃발처럼 펄럭이리라

애월의 밤하늘

별빛으로
쏟아져 내리는
하늘의 물줄기가 있었다

파도의 손을 움켜쥐고
목 놓아 부르는 것은,

타오르는 한줌의 시간 앞
생명의 태엽을 휘감아 돌리는
그것은 애월의 시간
바람의 벽을 마주친 때문일 게다

그렇게 너와 나는
미지의 땅 끝에 이르러서야

삭히고 삭힌
태곳적 시간의 끈을 붙잡고
밤바다의 설렘을 고백 삼아

밤하늘 감청색 망망함으로

섬 가까이서 서성이는 것일까

베띠의 운명

하늘이 펑펑 울음 울던 날

그대의 허리춤에
베띠처럼 꽁꽁 묶인 나는

어느새
유브라데 강가에서
싹트지 못한
밀알처럼 썩어 가고 있었다

들에 있는 나의 산아
남의 알을 훔쳐 품고 있는 자고새야

토기장이의 손에 묻어 있는
점액질의 진흙처럼
그대의 심장 같은 불빛이 짙다

내 뭍에 그리움이 닿을 때쯤,

나는 밤 강가 끝자락에 서서

그대 만나 마주잡을

따뜻한 손을 내밀고 말리라!

꽃으로 피어난 바다

나의 밤바다는
오늘도
그대의 향기로 출렁거린다

언제부턴가
바다의 등허리에 올라탄 나는
유년의 별빛 찾아 길을 나섰다

또박또박 써 내려간
백사장의 별빛 다이어리
그 뽀얀 감정이
새싹처럼
수줍은 가슴의 창을 열고
찬바람에 코끝 시려올 때

새하얀 시간,

별빛 한 줄기
꽃씨 하나 입에 물고

밤바다에 낙하하네

별빛 출렁이는 그대의 화원
아스라이 내 가슴에
유년의 꽃을 피우네

지하철의 눈 풍경

지하철 안에 함박눈이 내린다
손잡이는 리프트 카가 되어
어느새 산 정상을 향해 썰매를 탄다
오고가는 추억에 하얀 입김이 서려 있다
벙거지 털모자를 눌러 쓴 할머니는
차디찬 궁둥이를 내밀고 있는
무우 더미에 배춧잎 코트를 입혀서
부전시장으로 향한다
허리춤의 헐렁한 전대가 대롱거리며
여기저기 하루를 기웃거리고 있다
나는 지금 눈사람이 되어 달리고 있다
진눈깨비가 언 볼을 따갑게 찔러온다
이제껏 보지 못한 꿈결의 설악산
눈사람이 산마루를 오르고 있다
이내 지하철은 종착역을 알리는 중이다

빛의 소리

첫사랑의 눈빛 세워
그대 찾아 가리라

하늘을 뜯고 뜯어
눈 시리게 새어 나온
캄캄한 탈출의 빛

걸림돌에는
순간
거친 바위의 숨결이
등 터진 세월의 그림자 되어

빛의 피
부르튼 손 움켜쥔 채

내 가슴 뛰쳐나간
그대의 하얀 빈자리

예언자의 침묵으로
황금빛이구나

길과 시詩

나의 하루가 길을 찾는다

길은 가슴을 열어 놓은
영혼의 오솔길이다

사람들은 갈대처럼 흔들리는
형형색색의 이야기를
바람처럼 구름처럼 써 내려간다

길모퉁이에서 발자국은 스러지고
외발자국을 부축한 목발이 걷고 있다

내 눈에 걸어 들어온 슬픈 영혼들

저녁노을이 심실 벽에 물드는 시간
황금빛 하루하루가 찍혀 있는 지문들

외로움은 붉게 차오르고
길은 어머니의 품이 되어
서로를 부축하는 발자국들을

가슴처럼 끌어안고 잠을 청한다

별빛 흩날리는
겨울밤에

미순 님의 무릎 병상 일기

여북이나 보고팠을까!

그러게
무릎을 꽁꽁 묶어 놓았으니…

시냇물처럼
내 몸 구석구석 계곡을 찾아가듯
머물렀다가 눈물처럼 흐르고
이내
웅덩이 같은 무릎 관절에
다 달아 아픈 한숨 쉬어 가나

그래 보고픈 하늘 아래
기대어 본 그리움
포로가 되어

별빛처럼 깜박이는
당신의 간절한 신호

밤이면

심장 위로 그리운 별 하나

지나간다

신경의 불꽃, 대상포진

살다 보면
별의별 놈을 다 만난다지만,
이토록 신경 뿌리를 물어뜯고 놓지 않는
지독한 놈이
나를 덮칠 줄은 몰랐다

무슨 원한이 있기에
며칠 밤을 칼로 후벼파듯
죽도록 쑤셔대다가
그래도 성에 차지 않는지
죽어라 숨골 깊숙이 파고들어
온몸을 뿌리채 흔들어대는 통각의 칼끝

잠시 수그러졌다가 다시 뻗쳐 와서는
신경의 실뿌리까지 하나하나 잡아당기며
화끈거리는 불꽃을 터뜨린다
피부를 뚫고 나오는 수포는
속살에 새긴 악의에 찬 문신

너는 분명 집요한 증오를 품은 악마의 손이다

차라리 내가 너였더라면
이 모진 세상의 심장에
너처럼 잔인한 불꽃 한 자루를
깊이 꽂았을 것이다

바다가 부르는 아리아

새털구름이 바다의 가슴을
현악기처럼 줄을 튕기며
바다의 성대를 울리고 간다

레가토의 부드러운 눈빛으로
물비늘의 숨결을 스치며
달려드는 파도의 끊임없는 유혹에
구름치마 휘날리며 춤추는 바다여

저 멀리
작은 고깃배를 향해 던지는
축배의 노래가 있어

조명 아래 펼쳐진 백사장 은빛 모래
바다에 모여드는 이름 모를 실루엣들,

하루는 위안이다
넘쳐서 부르는
아직 그치지 않는 슬픔이 있다

밤바다 1

항상
그 자리에

평안한 밤이
그대의 두 손을 꼬옥 쥐고 떠 있다

별들의 천막을 뚫고 새어나온
밤 별들의 합창이
밤 파도를 일렁이며

땅에서 사라져버린 기억들을
불러 모아
은빛 날치처럼 반짝거린다

항상
그 자리에

항상
너와 나의 그리움이
나란히 누워
별 하나를 바라보고 있다

2 그리움의 변명

바다의 새벽 사랑 1

– 바다 그 자태 앞에서

빗소리는 어둠의 바다에게
무어라 속삭이는 걸까?

그리움이 불러내는 사랑의 기억들이
지금 바다의 근육처럼
멀리멀리 굼실댄다

바다는 외로움에 떨며
유성처럼 떨어지는 세월의 가피를
뜨거운 눈물로 쌓아 가고 있다

출렁이는 바다의 주름을 따라
사위어가는 별들의 기쁨이 살아나고

깜빡이는 등대 불빛에
바다도 연신 깜박일 무렵
바다 따라 깜박이며
자꾸만 첫사랑도 아스라해지는데

태양처럼

그대의 얼굴만 떠오르는 시간이다

바다의 새벽 사랑 2

어디선가 물의 얼굴이 지워지고
유리창 하나가 하늘처럼 놓였다
비는 영화의 자막처럼 흐르고
등대는 빈 방의 심장처럼 깜빡인다

파도는 말을 삼켰고
해조음엔 숨어 버린 문장이 있다
누구도 끝내지 못한 구절들
그리움은 타인처럼 낯설기만 하고

밤이 끝나는 곳에 길이 있었다
떠오르지 않는 태양의 약속 따윈
자꾸 무언가를 잃어버리나 보다
그것이 사랑이라는 사실도 잊은 채

바다는 오늘도,
차가운 이름들을 가슴에 품는다
모든 사랑은 사라지지 않는 첫사랑이라면서
더 이상을 불리지 않을 뿐이다

첫눈

세월이 가도

만년설처럼,

녹지 않는
너의 그리움

눈덩이처럼 불어나
손짓하는 눈사람

노을녘 산마루도
흰머리 산신령이다

세월의
난간을 잡고
너의
빈자리를 오른다

내려앉은
나의 첫눈이
쌓이고 있다

봄날

봄날은
겨우내 감추어 둔
너와 나의 속마음

창을 두드리는
바람 끝의
가지마다
움트는 계절의 새싹을 보며

너의 맑은 꽃눈

건너오는 힘찬 목소리

창 너머
네모난 겨울이
크고 둥글게 말랑해지는
꽃들의 숨결

지금

한창 숨이 가쁘다

봄날은
활짝 핀
너와의 순간이다

홀로서기

외롭게

걸어온 시간들
많이 아프다

어느 한적한
이국 도시에

빈 가슴을
몽땅
내어 주었다

별빛 찾아가는 길

별빛 속에 우주가 있느니라
멀고 먼 우주는 가슴으로 숨쉬고
별빛 기둥들로 아침을 세우리라

암흑 속 억겁을 징검돌 놓아 가며
그대 이름 위에 피어나는 영혼이여
홀로 별빛 마주하여
천년의 기둥 세우려 하면
내 영혼의 언어는 이윽고 노래가 된다

마을 어귀를 가득 메운 별들이
은밀히 전하는 그대가 있어
찬바람 등에 지고
갓 태어난 별들 하나씩 눈을 뜬다

경사를 이고 진 가파른 물길이여
가슴마다 안겨 길을 내는 별빛이여
입술의 떨림으로 사방을 살피며
두 개의 뿔을 올린 달팽이처럼
그대를 향해
별빛 찾아가는 길

책장을 치우면서, 책들의 비명이

시간을 내서 꼭 만나 보리라

어느새 눈길 한번 받지 못한 너희들이

층층이 어깨를 비집고 누워 수 많은 날들을

불편한 숨을 쉬고 있다

수년간 흘린 땀이 수정처럼

또박또박 박혀 있는, 유명 저자의 목덜미도

꺾인 채로 마지막 구조를 기다리고

나름대로 혼신을 다해 살아온

누군가의 인생 전기가 가위눌려 맥을 못추고

덮치고 덮쳐 오는 경제난국과 파렴치한

정치꾼들의 관심 없는 잡서들까지

네 책장을 침범하여 진정 만나야 할

그대들 위에서 버젓이 군림하고 있었다

금방 치우면 또 쌓이고 쌓인다고

전생에 고물상 주인이었냐고 투덜대는

마누라의 눈길을 피해 다시 바라본 책장은

불현듯 아우성이다

일말의 학자적 양심으로 가다듬고 선별하기 시작했다

부딪히는 것은 버릴 수 없는 망설임에

손을 붙잡는다

모래성 1

– 해운대 모래축제에서

모래 위에 내가 있다

말도 되지 않은 것들
형해처럼
쌓여만 가고

기억은 자꾸 바람을 닮아
손쓰지 않아 무너졌다

새벽은 아무 말이 없었다

내 안에 남은 건
이름 없는 감촉 하나

파도가 와서
모든 것을 데려갔다

발자국 하나 지워지고
모래는 자꾸 높아지고

나는 그것들 모두가
슬픔인 줄 몰랐다

사랑의 무덤

사랑이란 칼날 앞에
두 무릎 꿇었다

가슴을 베인 별들이
핏방울처럼 뚝뚝
떨어지고 있다

눈물 훔친
패배자의 뒷모습이
어디론가 훌쩍 떠났다

하늘 가까이서
언젠가 무덤을 보자

베아트리체의 눈빛이
자꾸만 뒷걸음질치며
사랑의 시간을 파고 들어간다

조용한 눈

검은 입김이 참 깊다
검은 몸 어둠이 도심을 덮는다
철 지난 이야기들이
이파리 파릇파릇 우거지다가
여기저기 묻히고 있다

거울은 얼굴 앞에 금이 가고
욕망은 신의 자리에 들어서고 있다
비웃음 속에 질식 당한 진실은
이제는 더 이상
거래의 대상이 아니었다

우리는 언제부터 거짓을 배우며
서로를 속이는 법에
익숙한 처지가 되어
조용히 눈을 감고 하루를 돌이킨다

하늘은 묵묵한 가운데
오늘도
그 깊은 마음을 숨긴다

그래도 우리는,
저 먼 하늘 끝
희미한 빛을 믿는 우리를
아실까 몰라
가슴은 여밀수록 쓰라리고
어둠 속에 들어가 문을 닫는다

그나마 하늘이 쓰다듬는다는
감사한 우리들의 슬픔으로
아직도 우리들은 버려지지 않았다며

책장 뒤의 나

빛을 등진 서늘한 오후
등 뒤의 벽이 조용히 왔다
닫힌 서가를 찬장처럼 열었다

말 잃은 문장들에 눌린 숨결들
겹겹의 종잇살로 누군가는 눕고
이름 없는 허공 속을 웅크린다 하고

땀과 피가 응고된 등뼈,
글자마다 주름진 살이 끼었다
세상은 더 굵은 활자로 돋아
진실을 몇 번이고 덮고 덮는다

말 아래 말들이 가위 눌리고
외면 속에 속삭임은 파묻히는가
정치의 혀, 시류의 손가락이
침 발라 책등 너머로 책을 넘긴다

나는 쌓인 무게를 핑계로
말 없는 것들을 외면하였다

그러나 다시 마주한 책장은
잠든 입술을 비틀어 물었다

남겨질 문장은 무엇이라 할 건가?

버리려는 순간, 한 생이 흔들리고
손끝이 망설이는 책장 뒤에서
나는 나를 몰라 다시 읽는다

이별 이후 2

어쩌다
너와 나는

하루하루
서성이다

마주친
하늘 먼 눈빛에

후회의 난간이 흔들린
이별을 모셔 왔나

부러진 시간들
바로 세우지 못하고
더 이상
지킬 수도 없는…

너와 나의 눈가에는
대롱대롱
매달린 메타세쿼이아 낙엽처럼
일부러 금 긋지 않아도

눈물이 조바심치는
꽃 같은 시간들

하염없이
너를 실은 그네처럼

사랑은 형벌이다

이 세상에서 제일 나쁜 놈들이
서둘러 일어난 아침이 있다

고향 먼산이 가슴을 짓누르면

밤새 속앓이하던 사연들은 실종되고
먼산 뻐꾸기 울음만
이부자리에 흥건히 쏟아진다

첫사랑의 칼 사위는
이 세상에서 가장 사랑해야 할
현실의 목을 베었다

핏물 뚝뚝 떨어지는 아침
현실은 이처럼 방황한다

내 앞길 신작로는
무심히 찬 이슬 덮인
과거를 닦고 있다

밟히는 단풍잎마다

스러지는 형벌의 시간들을
햇빛 뒤의 이슬처럼 보듬고 있다

이제는 돌아보리라
어디선가
누군가를

그리움의 변명

배고프다 말할 걸,
너무 가벼울까 두려웠다

촉촉이 젖은 눈가
망각으로 흐르는 세월
그대 흔적 위에 내려앉은
시간의 숨이었다

바보처럼
나는 그대가 머물지 않은
무언의 다리를
말 대신 건너고
또, 건너뛰었다

내가 너의 별인 것처럼,

하늘은 문을 닫았다

더 이상
별을 찾지 않기로 했다

별이 하늘에 없기에
다시는
그리워하지 않기로 했다

이대로
고요 끝에서 숨이 멈추면,

차라리
내가
잊힌 별 하나로 태어나
너를 찾아 나설 것이기에

3 시린 가슴으로 강물이 흐를 때

물망초

우리가 언제 사랑했던가

아픈 기억이 없다

뜨거운 햇살 아래
한 여름 태풍 그 몸살마저도

비밀스런 우듬지
그 하룻밤
밤톨처럼 벗겨져도

아픈 기억이 없다

가을 달빛에
허물 벗는 망각의 눈빛
여기저기 시나브로
낙엽 되어 떨어진다

아스포델!

나는 여전히
당신의 그림자였다

＊아스포델: 나는 당신의 것

삶

거세게 내리는
비처럼

혼신으로 빛나는
별처럼

그러다
그리움 안고
저 깊은 허공을
치열하게 낙하하는

밤하늘의 유성처럼

흔적 없이 그어 내린

하늘과 맞닿은
가느다란 하나의 선

피어나듯 안기는
미소
아니면 간절한 포옹,

생맥주와 청춘

수북이 쌓인
너희의 수다와
아랑곳하지 않고 쏟아지는
폭소와
술잔 앞 안주의 침묵 사이

잊혀진 청춘의 고독은
늘 이렇게
별처럼 홀연히 떠오른다

마주친 자리마다
눈빛은 빛나고
그러다가
그만 우두커니가 된다

이윽고
지난 퍼즐 위에 피어난
꽃잎들이

하나

둘

일어서면 이윽고

청춘이다

청춘 유감

퍼즐 하나를 잃어버린 사춘기의 마지막 하늘이 깨진 모자이크 창틈으로 손을 내민다 불현듯 조각난 꿈의 강물이 우주의 기억들을 주섬주섬 부른다 그물망에 목이 걸린 채 가슴에 부딪히는 첫사랑의 날갯죽지, 그것은 파고드는 인고의 허탈을 예찬한다 남겨진 침묵이 청춘을 허리 세우고 변방으로 굽은 하늘을 쳐다본다

해후

너와
내가 누구인가

...

뒤돌아 선
그림자

눈물이 꽃처럼
피고 지고

또 다시
피어나
눈물 흘리고

황혼의 연가

그대 저물어

하늘 입술 가에 불 켜고 있다

숨어 지켜보는
기억의 세포들
수줍음으로 물들어 갈 때

실바람처럼 일어나
우리가
저 먼 데서
나부끼는 이유

그 아픔은
위장한 그리움

눈물 글썽한
황량한 바닷가

홀로 서 있다

실타래 풀리듯
펼쳐지는
파도의 파노라마

수평선 너머로
날개쳐 간다

밤하늘의 사춘기

동네 산기슭
유년의 꽃 피다

그 소년
능선에 오르더니

한참을 닿지 못할
바다와 나무 사이에
방황하듯 걸쳐 앉아

목 내민 달빛 따라
구름 따라
눈 시리게
흘러만 가는구나

나트랑 언덕에 부는 바람

얼마나 애틋했으면
바다 건너 이 머나먼 길을
조용히 아주 조용히
숨 가쁜 바람을 따라
가득 자신을 실어냈을까

그대 살아생전의 시간들이
어찌 물거품 같았으랴
비워 낸 가슴 언저리에
부르지 못한 그리움만이
방울방울 세월이 번져 있구나

희끗한 바람 그 눈빛처럼
스미는 언덕 위에
홀연히 남기고 간
너와 나의 작은 홀씨 하나

내 마음 깊은 곳
그대 눈길은
어느 어둠을 따라
조용히 흘러갔는지

하늘 유감

창틀 사이로
붉은 선 하나
시간의 눈시울이
혈관처럼 흐른다

마른 빛 안고
허공에 매달려
이름들이 떠돈다

접힌 날개
물비늘 사이로
침전하는
말 없는 날들,

뒤돌아본
마음이 꺾이고
저녁의 체온이
구름처럼 걷힌다

내 등을 밀어라

비워 둔 자리마다

조용히 엎드릴께

시린 가슴으로 강물이 흐를 때

아버지 목관이 소각로 속으로 들어갈 때

다가설 수 없는 투명 벽이 우뚝 서 있다

"화장 중"이라는 글자가 껌벅이는 동안

세상의 길은 막혔거나 낭떠러지였다

20센티 콘크리트 바닥을 사이에 두고

불길 속에 아버지는 활활 날개 치듯 떠나시는데

한 층 아래 내 앞엔 국밥이 놓여 있다

누군가 "산 사람은 먹어야 살 수 있다"며

흐린 하늘빛 국밥에 숟가락을 넣어 준다

더운 국물이 마른 식도를 적실 즈음

시린 강물 한 줄기 가슴속을 흐른다

불길 속을 한 시간 남짓 가시던 아버지

"화장 완료" 등이 켜지자 스피커로 부르신다

강물처럼 사시던 아버지는 산화하고

자식 위해 부리던 뼈, 몇 조각만 남기셨다

파쇄기 소리가 잠시 귓바퀴를 돌다 멈추자

한줌의 가루로 아버지는 도자기에 담기셨다

가볍디가벼운 아버지를 안고 돌아오는 길

유골함에서 강물 소리가 들려왔다

필름 속 그림자가 어른거릴 때

허기도 잊은 채 시장통에서 흘린 땀으로
아들을 수술 잘하는 명의로 길러 놓고
종양이 가슴 속 허파를 덮어 버린 후에야
CT필름 속을 살피는 아들을 보며 활짝 웃는다
의사가 된 아들이 장해서, 눈빛만 서글거린다
함께 사는 것이 소원이셨을 텐데
서너 시간이면 달려올 거리에 아들을 두고도
그리움 가득한 가슴에 암세포를 채우고 사셨다니
제발, 제발, 가슴 조이며 필름 속을 살펴볼수록
폐부엔 결절의 하얀 그림자가 선명할 뿐이다
아들의 얼굴 땀을 닦아 주시며 물으신다
"아가, 애미 폐는 괜찮지야?"
뜨거운 뭉치 하나가 목구멍을 올라온다
말 못하는 젖은 뺨을 닦아 주시는 어머니
세상에서 가장 다정한 미소로 말씀하신다
"나는 아들이 의사니까 걱정할 것 없어!"
"네, 어머니"
떨리는 대답에, 아들의 손을 꼭 쥐어 주신다
오늘도 흑백필름 속 하얀 그림자가 어른거린다

우리들의 모래

나는 언젠가부터
모래를 구조로 말하기 시작했다

쌓을수록 낮아지는 모래의 탑,
그 위에서 나는 높아지고
바람의 드높은 벽을 날아올라
입이 없는 신에게 기도하곤 했지

기억은 뼈처럼 솟았고
벽은 끝내 침묵이었다
그 사이 무너진 건 탑이 아니라
저문 해를 딛고 선 우리들이었다

쓰러진 기억이 탑을 더듬었다
그림자 안의 그 어둠에서
이름을 지우기 위해
어둠보다 너른 모래를 쌓았다

본래 모래는 무너지는 것
그것을 늘 운명이라 부르리

수술실의 나의 투명 동반자

수술실에서 집도를 시작할 때면
맞은편에 조수로 서 있는 동반자가 계신다
수술을 시작하기 전에,
항상 내 두 손을 모두어 기도로 인도하신다
까다롭고 힘든 수술일수록 당신의 기도는
지혜의 등불처럼 뇌리 속을 밝게 깨워 주고
산들바람처럼 이마의 땀을 식혀 주신다
난감한 상황에 직면하게 되면 먼발치 너머
격려의 기도와 응원하는 눈빛으로 바라보시다
수술하는 시야를 밝혀 주시며
"아가! 이렇게 하면 되겠네!" 귀띔해 주신다
수술실엔 언제나 당신의 훈훈한 온기가 흐르고
우주의 아픈 별들이 안식하며
영혼의 숨 고르기를 하는 안식처 같다
바벨의 세상 유혹에 병들은 고독한 육신들,
슬피 울다 마취의 늪에 빠지게 되면
밤이 낮의 시간을 통째로 제한하듯
찾아오는 안식으로 고통을 잊는 것

그들의 영혼이 하늘의 진정한 안식이기를
그리하여 세상으로 평안히 낙하하기를
수술을 마칠 때까지 기도의 손을 풀지 않으시고
아들의 목소리를 기다리고 기다리신다
여태껏 어머니는 수술실을 떠나지 못하신다

그리움이라는 이름의 게놈*

그리움도 때론 깊은 통증인가, 베개 밑을 흐르는 끈끈한 유행성 질환의 유전자 지도가 지워지지 않는 흔적으로 그려진다

깨달음엔 항시 쓸쓸한 슬픔의 체인이 감겨 있어, 그것을 가볍게 벗겨 내면 낙엽처럼 흩어졌다 빈 가슴으로 몰려온 세포들만 마른 물줄기 위에 수북이 쌓이고 쌓이고…

당신의 가없은 DNA는 결코 허물이 아닌지라, 비어있는 그림자의 영혼을 깨워서 그 희미한 관능을 밝히고 따뜻한 산들의 능선을 따라 꿈속을 헤매이듯 더듬어 더듬어 가면, 어느새 눈시울 붉게 적신 노을이 번져와 어깨 너머 다가온 그대의 두 손을 꼭 잡는다

세울 수 없는 것은 그리움의 척추들이니, 어머니의 한쪽 어깨가 내 하염없는 눈물의 언덕을 오르고 있다

＊게놈Genome ： 유전자 지도

가을바람 뷔페

바람이 가을이 되자 꽃 피는 중이다

하늘 잔치는 연일 불야성이다

한 설움 품고 살아온 내 눈물의 계절

천지 분간 못하고 줄창 걸어야 했다

세상 귀퉁이에 서니

쓸쓸함도 과일처럼 맛이 들었나

단풍처럼 헤프게 웃고 웃고 또 웃는다

어머니가 그리 소망하시던

세상의 빛 하나

나뭇가지 목에 걸린 것처럼

가을바람이 잠깐씩 앉았다 간다

내 평생 앓았던 그리움의 무게가

저리도 가볍게 불탄다는 걸

어머니 안 계신 세상에서

내두르는 손짓만 천지사방에 공허하다

어머니와 피아노

어머니는 피아노에 꽃씨를 심으셨다

당초 어머니의 꿈은 무엇이었을까?
피어날 수 없었던 숙명의 눈물 위에
음계를 짚어 내려간 피아니스트였을까?

마을 유지들도 엄두를 못 냈던 그 시절
어머니는 피아노를 덥썩 들여온 것이다
더욱 놀라운 일은
초등생 누이에게 피아노 교습을 하신 일이다
먹고 살기도 힘든 시절에 상상이나 하겠는가

초등생인 누이를 피곤에 지친 몸으로
십리 길 되는
산 중턱 아래 선생님 댁에 업고 가서
레슨을 받고 돌아오셨다
중천에 뜬 환한 달빛은
등 위에 잠든 누이를 다독거리는데
달빛 등불 삼아 가쁜 숨 허덕이시며
어떤 꿈을 꾸셨을까?

유독 교육열이 높으신 어머니는
빛나는 상들을 수차례 받아올 때면
그 상장을 가슴에 꼬옥 품으시고
나를 감싸 안아 기도해 주신다
자신이 피우지 못한 꽃을
자식들에게서 활짝 피우신 것이다

이제야 어머니의 피맺힌 손길이
내 가슴속 피아노 위에서
슬픈 검은 건반과 눈물 가득한 하얀 건반을
교차하며 숙명의 꽃을 피운다

어머니는 오늘도
우리들의 가슴속 당신의 무대 위에서
피아노에 두 손을 모아 기도하신다

4 남은 자의 슬픔

남은 자의 슬픔

　세월이 흘러도 한 인간이 뿌리고 간 죄의 앙금이 우리들 가슴팍에 화석처럼 상흔을 드러내고 있다 슬픈 신앙의 역사가 쓸쓸히 세워진 교회의 첨탑 위에서 십자가를 부여잡고 울리는 통성기도는 고드름처럼 눈물 흘리고 있다 집 나간 신토불이는 흔적도 없고 깨진 창틈으로 이국종 악마의 기도 소리가 새어 나온다 주를 향한 그리움은 새벽 종소리에 메아리가 되어 남은 자의 가슴에 탄식의 눈물이 된다 떠나기 싫은 고향집, 계모의 등살에 찢겨진 옷자락만 찬바람에 눈물 훔치고 있다

나의 시에는

나의 시에는
아련한 풍경을 담은
구름 몇 척,
바람의 등줄을 타고 흘러간다

출렁이는 음성 하나,
어머니의 노래는 바다였고
섬들은 당신의 눈동자였다

나의 시가 눈을 떠 하늘을 보면
어머니는 어느새
가을빛이 베인 단풍 한 잎 되어
바람결에 내려와
내 어깨를 감싼다

말 없는 빈자리에
숨결도 없이 다가왔다
긴 고요로 앉아 있던 당신,

불현듯 반짝이는 별빛 시어로
기억의 골짜기를
무언의 등불처럼 비추고 있다

편지 2

– 결혼을 앞둔 아들에게

사랑하는 아들아,
이 땅의 모든 부모의 마음은
하늘로부터 내려온 숨결이란다
흙에서 돋아나
태양을 바라보며 피는 들꽃이란다

우리는 창조주의 마음을 하고
그림자처럼 말없이 살아왔단다
세상의 그 어떤 재물보다도
신앙이라는 유산을 두 손에 들고
선지자처럼 기도하고 또 기도한단다

그 기도는 머나먼 강물이 되어
세월의 바위들을 적시며 흐르고
세상의 기쁨처럼 이루어졌단다
하나님의 숨결 없이는
풀꽃 하나도 피고 질 수 없단다

두 마음이 맞닿는 순간을 사랑하라

그 중심에 빛이 샘솟게 하라
그 사랑 시들지 않는 은혜의 나무가 되어
그늘을 내어주고, 열매를 맺으리라

삶의 항해는 나침반을 따르지만
바람을 이끌 듯 등불을 켜는
하나님의 푸른 인도를 받아
너의 가정이 너의 앞날이 자식 되어 안기라

신앙은 어려운 수학 문제가 아니다
아이의 순한 눈처럼 믿음의 문을 열어
그 안에 들꽃 같은 평안과
보석 같은 기쁨을 숨쉬며 살게 하라

민지에게도, 너에게도
보이지 않는 손이 따스해질 때까지
우린 매일매일 기도한단다
그 누군가의 마음을 두드리거라
두 사람이 가는 걸음걸음에

은혜의 이슬이 맺히게 하라

이 땅에 남길 귀한 재산은
하늘을 경외하는 마음이리니
귀 기울여 말씀의 향기를 지키고
서로를 기도하는 복된 가정이여 우뚝하라

하늘에 빛이 되고 기쁨이 되는
그런 사랑, 그런 가족을 축복하며
너의 문틈으로 바람이 분다
은혜의 햇살이 숨결처럼 스며들고 있다

2024년 8월 15일

— 아빠가

하늘의 끝을 바라보며

너는

어느 하늘 밑 스올에서 태어나

한 맺힌 저주의 거품을 품어내며

맑은 물 강가를 핏빛으로 물들이느냐

밤별 은하의 화목한 별빛마저

사악한 너의 손아귀에 으스러져

뚝뚝 떨어지는 유성이 되었느냐

달콤한 사탕발림 뱀의 혀로

냉지의 배고픔들을 핥아가며

무취의 독으로 줄줄이 꿰어 다니는

가스라이팅의 부랑자가 아니더냐

이내 좀비들의 칼춤에

법의 목은 비수 앞에 숨 죽이고

법문은 송두리째 빼앗겨 뒤엉켜버린

활자들은 탈을 쓴 채 칼춤에 놀아난다

보이지 않던 하늘의 끝이 보인다

종말의 눈빛이 언약 위에서

마지막 눈물을 흘리며 돌아서고 있다

유가네 부잣집 아들 고향 친구 이야기

동 동 동 동 동대문 동대문을 열어라! 불알친구 왕성이
는 나만 보면 나를 동대문이라 놀리고 대궐 같은 집으로
쏙 숨어버렸다 화가 나서 온 집안을 뒤져도 찾을 수 없
어서 터벅터벅 집으로 돌아올라치면 왕성이는 하얀 백
사과를 내밀며 회유의 손짓을 보내곤 했다 어찌나 맛있
는 백사과였던지 화는 단맛에 녹아버리고 우리는 또 대
궐 같은 집에 들어가 뛰어 놀기도 하고 숙제도 했다 이
쁘고 똑똑한 왕성이 누나가 공부를 가르쳐 주며 잘했다
고 동그라미 다섯 개를 그려 주었다 나를 유심히 지켜보
며 유독 예뻐해 준 누나가 시집간 뒤로는 왠지 친구 집
에 가는 발길이 뜸해졌다 우리는 헤어진 지 40년이 지
나 나이 든 그리움이 서로를 찾게 해 주어 회포를 나누
며 누나의 목소리도 듣게 되었다 그 예쁜 누나가 여든넷
의 나이가 되었다니 격세지감이 따로 없었다 누나는 우
리 집을 너무 잘 알고 있었다 물론 동호는 잘 되리라 믿
었지만 그때 조금만이라도 도와 줬더라면… 등등의 말
을 하며 못해준 게 많이 아쉽다고 몇 번이나 미안함을
전했다 나는 이렇게 주위의 사랑을 받고 사랑의 빚진 자
가 된 것이다 유가네 부잣집 친구의 넉넉한 우정과 누나

의 사랑이 노을 진 하늘에 붉게 걸려 추억의 갈피마다

동그라미 다섯 개를 그리며 물들어 있다

친구를 찾다

빛나던
교복 위에 찾아든 내 이른 사춘기
좌절의 눈물로
나 홀로 망망대해에 떠 있을 때

홀로서기에는
너무나 등 시린 별

꾹꾹 눌러 참기에도
사치스러운 설움

파고드는 눈싸라기의 외면에도
의지할 길 없던 고독

밤 새워 일어서던 절명의 시간
불현듯 다가와
잡아 준 따뜻한 손길,
가슴이 하나 가득 고독한
따뜻한 친구 세용이

우리는 서로 다른 의과대학에 들어가

의료인이 되었지만
기나긴 세월 소식이 끊긴 채
불씨 같은 그리움만 품고 살았네

가슴에 다시 켜진 우정의 불빛
시린 발에 끼워졌던 소중한 인연
고이고이 간직하리라

희생양, 울부짖다

– 의료대란을 바라보며

무엇이 저들을 스올의 수렁으로 유혹하는가! 승냥이 떼처럼 이리 물어뜯고 저리 물어뜯고 온갖 야유와 채찍으로 만신창이를 만들어 총선시국의 하얀 희생양으로 몰고 가는가! 광야의 바위 산 중턱에 죄 없이 십자가에 못 박힌 어린양 예수처럼 그대들의 비명은 누구를 위하여 무엇을 위하여 황량한 들판에서 피 흘리는가! 저리도 버려졌구나! 악의 꽃들이 하얀 가운을 파고들어 찢겨진 채 마구 피어나는구나! 건너야 할 강, 다리는 부러져 손짓 발짓 회유의 바람은 배신의 아이콘처럼 한 맺힌 가슴 뒤켠에 비수를 꽂고야 마는구나! 악의 미소가 붉게 물든 산 노을에 암세포처럼 번지는 광야의 군중들은 악의 꽃에 물린 핏발 선 좀비처럼 하얀 희생양들을 쫓고 짓밟고 울부짖는구나! 오 두렵고 간 떨리는 하늘이 새삼 가깝도다! 하얀 희생양들이여, 하늘의 슬픈 뜻을 함께 바라보라! 하늘은 저 불쌍한 군중들을 가리키며 저들이 바로 진짜 희생양이라는 것을! 저들의 생명이 올무를 씌운 하얀 양처럼 울부짖고 울부짖는구나! 난데없이 천지사방에 피어나는 악의 꽃들이여! 너의 미소가 스올에 넘쳐날 때 우

리는 두 눈 부릅뜨고 지켜보리라! 끝내 구원이 승리한다
는 것을! 오 그리운 자비의 하늘이 존재한다는 것을!

소방차와 저수지
-의대 증원 문제에 대하여

어느 나라에 여기저기 산불이 났대요

119 신고에도 소방차가 안 와요
왜 안 오냐고 다그치니
차에 주유 중이라
갈 수가 없대요

구청 시청에서 행안부까지
신속한 조치를 취해 주라카이
근본적으로 물이 부족하니 대형 저수지를
전국적으로 확보해야 겠다네요

산불은 계속 번져서
산마을까지 타 내려왔네요

소방대원들만 소집하고 난리네요
안 오면 직무유기로 잡아간대요

소방차에 기름이 없으니
빨리 기름을 채워주라카이

벌거벗은 왕이

나라에 물이 부족해서 그러니
빨리 빨리 대형 저수지부터 먼저 만들라카네요
온 나라 불도저에다 기름을 몽땅 넣어 주고
기름이 없으니 맨몸으로 떼우라카네요

최신형 소방차들은 멈춰서
대형 저수지에서
넘쳐날 홍수 같은 물 수렁에
빠져들어 가네요
산불은 번지고 번져 대형 저수지까지
타 내려와 태워버릴 기세네요

사람들은 타 죽기는 싫었는지
저수지 가까이로 몰려와서는
소방대원들은 안 오느냐고 아우성이네요
벌거벗은 임금님의 귀만 쳐다보고 있네요

저수지엔 언제나 물이 차려는지
산불은 언제나 멈추려는지

벌거벗은 임금의 귀만 쳐다보고 있네요

공정과 상식이여 탈을 벗어라!

– 의대 증원에 대하여

이 세상에 이렇게 뻔뻔하고 염치없는 단어가 또 있을까! 건전한 의식과 평화를 위해 이만한 평등성과 정화의 단어가 어디에 있을까! 언제부턴가 그리도 믿었던 너희들이 오만의 탈을 쓰고 손에 칼을 들고 망나니 굿판을 벌일 줄이야! 공정과 상식이 터무니없이 무너져 버린 광야에서 너는 반가운 외침이었지? 우리는 쌍수 들고 손가락 부러지도록 환호의 박수와 카톡의 문자판을 두드려댔지 분명 네가 세울 정의롭고 공의로운 미래를 위하여, 허나 간과한 게 있었어 두 단어 뒤에 가리운 너희들의 정체 말이야 참 복잡하게 얽힌 가정사에 땅바닥에 처박힌 지지도, 그럼 너도 살아야겠지 충분히 이해는 하지 그래도 너를 보호해 줄 마지막 보루는 손대지 말았어야지 어떻게 너희를 세워준 공정과 정의를 이렇게 풍비박산 시켜버리나 오직 너를 거부하는 자들의 박수를 받기 위해 생명 같은 안전핀을 뽑아 던졌단 말인가! 잠시 흥행에 고무된 네가 우리들을 희생양 삼아 제단에 올려 망나니 춤을 추더니 누가 좋았나? 우리들만 죽었나?

공정과 상식이 너에게 요구했던 살신성인이고 너희를 세워준 피 같은 생명인데 그것들을 희생시켜 버리다니!

인고불변한 절대적인 가치의 수에 갇혀 복종을 강요하며 악마화 시킨 너의 위용을 만방에 떨치며 치국평천하 하려고 했나! 제 맘대로 다 안되는 게 세상 이치지! 이제 너도 망하고 우리도 망해 가고 있는 현실에서 수치와 체면은 도저히 돌이킬 수 없는 딜레마가 되었는가!

자, 너희가 쓴 탈을 공정과 정의를 벗어 버리고 상식의 세상을 다시 찾아가라! 우리들의 나라를 생각하라! 너의 제단에 희생된 명석한 우리 아이들을 볼모에서 돌려 달라! 제 살 깎아 먹는 시대착오적 망국적 개혁을 접고 절실한 현실이 요구하는 합리적이고 소통이 있는 개혁을 하라! 누구나 실수는 있는 법! 잘못된 것을 인정하고 돌이키는 일은 부끄럽지 않는 일이다!

그리하여 하늘의 뜻을 진정으로 섬기는 의사들이 속히 회복되어 국민들의 생명과 건강을 지키는 버팀목이 되기를 간절히 바랄 뿐이다!

종교의 탈

느닷없이 탈이 벗겨졌다

편의점 도시락의 반듯한 유혹이
천사의 미소로 다가왔던 몇 해 전

우리는 모두가 손에 손을 모아
흐트러짐 없는 찬사를 보냈었지

어느 날 찬란한 분단장으로
등장한 안방극장
깊숙이 데뷔를 한 너는
천상을 누비며 품어 온 민낯을
비수처럼 드러내기 시작했지

누군가 자리를 뜨면서 외쳤어

모자이크 처리된
너의
검은 심장을 보았다고

얼마 되지 않아

프로메테우스의 간을

송두리째 뽑아갈 거라고

강가에서 올리는 새 아침의 기도

십자가에 못 박히신 주님의 피눈물 같이
그 푹 파인 통성의 흔적이 선명하다

잡초처럼 무성했던 지난 시간의 영혼
가라지 뽑혀 나간 구덩이에도
성령의 새싹들이 돋아나게 하소서

우리의 영혼은 한없이 가엾은 것,
영혼의 본향인 하늘 우러러
감사와 찬양으로 주님께 영광되게 하소서

새벽 강가에서 엎드려 참회하오니
주께서 내리신 은총의 이슬로
나약한 영혼을 흠뻑 젖게 하시고
십자가를 지고 당신의 길 걸어가게 하소서

사랑으로 충만하신 주여!
평화로운 당신의 품안에서 열리는 새해
오곡백과 가득하게 하심같이

우리를 사랑으로 가득하게 하소서

어미 새의 둥지를 찾는 새 새끼 같은 우리를
당신의 품에 꼬옥 안아 주시고
가나안의 젖과 꿀로 배불리시어
세상 땅 끝까지 날아가
선한 날갯짓 하게 하소서!

너무 빠른 천국길, 어찌 보낼까요
– 정의철 집사를 추모하며

하나님을 쳐다보며
집사님을 갈급하게 불러봅니다
지금 우리는 뼈가 꺾이고 살이 타는
아픔 앞에 섰습니다!

오르기에 너무 벅찬 가파른 생의 고갯길
넘어지고 깨지면서도 다시 일어설 수 있었던 것은
당신의 손길이 우리를 이끄셨기 때문이지요

사랑하는 아이들을 날마다 안아주며
예쁘게 자라는 모습 지켜보고 싶으셨지요?
부모 말 잘 듣고 잘 성장해서
이 세상 끝까지 꽃 피우고 싶으셨지요?
훌륭한 사람 되라고 이별 인사도 못하고
차마, 어찌 발걸음을 떼셨는가요?
우리는 벅찬 슬픔에 그믐밤처럼 어두워집니다

"나의 사랑하는 아이들아,
같이 하자고 약속했던 많은 것들

아빠가 너무 너무 미안해
부디 씩씩하고 건강하게 잘 자라다오
아빠가 하늘에서 사랑으로 지켜볼게."

"여보, 너무 너무 미안하오!
당신에게 못다 한 나의 사랑은
언젠가 우리 아이들이 하나 가득
꼬옥 안겨 줄 거예요
많이 사랑하오! 여보!
마지막으로 오래오래 불러봅니다.
훗날 아름다운 모습으로 우리 다시 만나요!"

"어머님, 아버님!
불효막심한 아들을 용서하세요
낳아 주시고 키워주신 산 같은 은혜와 사랑
못 갚고 먼저 가서 죄송하고 죄송해요
훗날 천국에서 다시 효도할게요
어머니! 아버지!
건강하시고 오래오래 장수하시길

천국에서 기도하고 또 기도할게요."

하늘의 기도 소리가 폭포처럼 내립니다

- 내 사랑하는 아들, 의철아!

너의 눈망울은 아름다운 꽃망울이니
천국에서 활짝 피우려무나!
모든 것 내게 맡기고
편한 마음으로 내게 오너라!

너의 영원한 안식처, 나의 품으로… -

정의철 집사님,
'안녕'이라고 말하기에 너무 아파서
차마 차마 그 말을 삼키고 맙니다
천국에서 지켜봐 주세요
오늘의 헤어짐이
천국에서 다시 만날 약속이라고 여기며

잡은 손을 놓습니다

편히 가세요

하늘의 탄식 4

― 잃어버린 어린 양에게

우리가 길을 잃은 게 아니라
그들이 길을 훔쳤나이다

주의 음성은 낮고 부드럽건만
그대는 칼 같은 빛나는 혀로
우리를 광야로 몰았나이다

주의 품은 그윽했나이다
그 거룩한 자비를
성소라 불리던 자리에서
우리를 이방인처럼 쫓았나이다

그들은 우리를 무자비라 부르지만
우리는 주의 손안에 들어
하나하나 셈해진 자들인 고로

들판에 흩어진 작은 숨결을 닮아
주의 눈은 언제나
우리를 향해 머무셨나이다

우리는 주의 생명 값으로 사는 자요

꺼지지 않는 십자가의 피가 그 증표라
어둠 속에서도 주는
아들의 눈빛으로 빛나셨나이다

우리가 무너진 제단 위에
눈물로 이름을 새길 때
주는 이들을 음악처럼 들으시고
침묵 같은 응답으로 임하셨나이다

그러니 우리가 누구라 해도
주께 외면 당할 리 있으리이까
주의 사랑을 잃었다 하여
십자가 지신 사랑을 물리치리이까

우리는 하늘 앞에 기억하나이다
"내 양을 먹이라" 하신 그 말씀을
"잃은 자로 하늘이 기뻐하리라" 하셨나니

지금도 그 말씀이
가슴에 살아
우리를 주의 품으로 이끄나이다

하늘의 탄식 5

어느 날,
제단 위로 바람이 불었다
하나같이 입을 연 무리들이
저마다 돌을 들어
깃털처럼 가볍게 던지기 시작했다

예전엔
등불이 꺼져도 아무 말 없다더니
이제 와서 성전을 탓하며
자신의 그림자를 기둥 세웠다

교회는 누구의 울타리라 하던가
돌담은 너희의 피로 쌓였고
기도는 철문처럼 굳게 닫혔거늘
한줌의 소리들이 천지를 흔든다

고요한 물 위에 조약돌을 던지듯
세상은 가슴 가슴에 파문을 일으킨다
정작 자신의 얼굴에 물보라가 넘친다

목자의 길을 막아서는 자여
너는 알지 못하나니
비껴간 외침은 기도를 가리우고
너의 손짓이 길을 꺾는다

성전은 말 많은 자의 거처가 아니라
바위처럼 무릎 꿇은 자가 올려 세운 돌탑이다
그래서 이 집은 사람이 아닌 하나님의 처소이니

바람이여, 혼란을 뚫고 평온을 품으라
진실을 듣고 살아 있는 자의 귀에
속삭이듯 조용히 말하게 하라
"소란 속에 거룩은 머물지 않는다."고

피 같은 생명의 꽃들을 때리지 마라!

– 의대증원 사태에 대하여

피 같은 생명의 꽃들을 때리지 마라!

그들은 당신의 아픈 생명과 고통을
가슴에 품고 사는 사랑의 유리 항아리다

그대는 피가 마르도록 뜬눈으로 밤 새워 가며
꺼져 가는 한 생명 끝까지 부둥켜안고
어떻게든 살려 보겠다고 자신의 모든 것을
불사르는 희생의 몸부림을 아시는가!

그날 이후,
바람 한 점 없는 적막한 세상은
우리네 가슴을 더욱 처참하게 허탈하게 했다
눈길 한 번 주지 않는 그대들이여,
이 세상은 꺾꽂이뿐이라는 사실을 새삼 깨닫게 하는가!
우리는 뼛속에서 흘리는 골수 같은 눈물이 되어 간다
그대의 뿌리가 우리의 손길로 안착될 때까지
흥건한 생명의 물받이가 되겠노라고
하늘땅이 울릴 만큼 맹세하고 또 맹세했던 가슴을
이제는 쓸어내릴 뿐이다

그래 그대처럼 마음 놓고
편히 지낸 공휴일이 우리에게 과연 얼마나 있었던가?
명절 연휴를 맞아
그 북새통 인천공항을 빠져나가는 그대들을 보며
얼마나 부러워했는지 아시는가!

그래도 나는 내심 부럽기보다는 행복했었다
나의 손길 따라 파르르 일어서는
그대의 파릇한 생명의 소생이
가슴 벅찬 전율이 되었기 때문이다

그것은 오로지 당신이 선택하고
하늘이 허락한 소명이기에
나는 이 순간까지 이토록 눈물겨워 하는 것이다

전공의 시절 한 달 치 빨랫감을 들고
휘청휘청 풀린 다리로 집안에 들어서자
그토록 보고 싶던 딸아이가
아빠를 못 알아본 것은 물론이고

무서운 사람 쳐다보듯 울던 일이 생각난다

도착하자마자 허겁지겁 밥을 떠 넣고
허리 눕혀 곯아떨어진 나는
아내의 측은한 눈빛을 이불 삼아
얼마나 깊은 잠에 빠졌는지 모른다
꿈속에서도 온몸을 두들겨 맞은 듯
쑤시고 아픈 곳을 주무르고 주물렀지
그때마다 어머니는 아가 아가 너무 힘들지
나를 얼싸안아 어루만져 주시고는
그래도 좋은 의사가 되라고 기도해 주신 것이다

덤프트럭에 다리가 절단된 5살 백종이,
어떻게든 살려야 한다고 큰 병원만을 돌고 돌다가
절단 수술을 위해 어느 병원 수술대 위에 눕힌 아이를
뺏다시피 끌어안고 응급실로 달려왔을 때

주마등처럼 펼쳐지는
이 아이의 인생 파노라마가
절대로 이 아이만은 살려야 한다 반드시 살려야 한다는

일념으로 바위처럼 견뎠다

꼬박 밤새워가며 조각난 뼈를
퍼즐처럼 맞추고 혈관과 신경을 잇고
나의 모든 피가 빨리고 빨린 새벽녘
텅 빈 혈관 바닥에 기진맥진 쓰러져 있었다
이제는 결단코 내가 다시 일어설 때다
새벽하늘이 빨갛게 동터 오를 때
이어 놓은 핏줄을 따라 불그스런 생명의 미소가
아침햇살처럼 아이의 다리 위에 떠오르고 있었다
"하나님 이제는 살았습니다."
감사의 기도를 드리고 또 드렸다

그 후 고등학생이 되어 큰 키로 찾아온 너는
내가 너에게 어떤 사람인지도 모르고
멀뚱멀뚱 쳐다만 보았었지
그래도 나는 네가 그렇게 건강한 모습으로
성장해 준 것만도 마음 가득 행복했다

웅이는 실업고를 다니다 실습현장에서

왼팔이 절단된 채로
잘린 팔뚝을 들고 나를 찾았다
꼬박 밤을 새워 혈관과 신경을 잇고
잘린 뼈를 고정하였다
수년이 지나
내 앞에 나타난 건장한 웅이는 결혼도 했고
금 세공 기술자로 모든 기능이 완전히 회복되었다
웅이가 절단된 팔뚝으로 살아간다면 어떠했을까?

이렇게 묵은 서랍 속의 얘기를 꺼내면서
왜 억울한 마음이 찾아드는 걸까?
왜 이렇게 자꾸만 슬퍼지는 걸까?

이러고도 내 살아온 그간의 인생이
밥그릇이나 애걸하는 못난 사람이어야 하는 걸까?

그래 세상의 씁쓸한 외면에도
나는 고개를 든다
시야가 뿌연 하늘을 선명하게 바라볼 수 있는 것이다
아직은 따뜻한 가슴속

당신과의 체온이 채 가시지 않은 생명의 손이 있기에
숙명처럼 잡아서 건네주고 싶은 것이다

자! 숙명의 친구들이여! 생명의 꽃들이여!
우리 모두 큰 가슴 가슴 아픔을 열어
다시 한번 세상을 심호흡하자!

하늘은 바람막이 되어
생명의 꽃들을 지키리라!
반드시 보호하리라!
낙심하지 말고 나아갈지어다!

때가 이르매
하늘도 환희하는 빛의 지혜로
침묵과 사랑으로 영원히 빛나리라!
젊은 생명의 꽃들이여!
오늘이 결단코 슬프지 않은 우리들이여!

*부산시 의사회지 2024년 봄호 의료농단 투쟁 특별호 기고 시

해설

영혼과 생명을 위한 송가頌歌

-석동호의 시 세계

정 훈
문학평론가

어울려 사는 이 사회에서 가장 소중한 덕목이 무엇일까. 생각해 보면 아득한 우주의 역사, 이 지구에서만도 숱한 시공간의 별세계와 풍경이 펼쳐지는 지금 이곳의 우리는 저마다의 생각과 가치관으로 공동체의 일원이 되어 살아 간다. 지구 생태계 위기를 비롯하여 세계 곳곳에서 연일 보도되는 재해와 환경 파괴 소식을 들으면서도, 아직 곁 에 있는 가족과 집단의 안녕을 기원하며 소박하게나마 하 루하루를 보내는 소시민들에게 행복은 그리 멀리 있지 않 다. 아무래도 나처럼 보통 사람이 보기에 마음에 와닿는 위안은 하루 별 탈 없이 무사히 보내었다는 기분과, 주위 사람들과 특별히 척지고 살지 않았다는 느낌, 혹은 계획 하고 있는 일이 잘되든 잘못되든 크게 틀어지지 않은 선 에서 그런대로 진행되고 있는 점을 확인하게 될 때 안정

감을 느낀다. 이런 사실은 비단 나뿐만 아니라 거의 모든 사람이 받아들이는 일상의 작은 행복일 것이다. 이런 '생활세계'의 단단한 울타리 안에서도 인간은 드넓은 이상과 자유를 움켜쥐기 위해서 실천하거나 사상을 펼쳐나간다. 그렇기에 인간은 비록 유한한 존재지만 위대한 생명체일 수밖에는 없다.

시는 그런 인간의 꿈과 사랑, 혹은 생명과 영혼의 찬사를 보내면서 지금까지 정신문화의 정수를 차지하고 있다. 숱한 시인들이 노래한 소재는 결국 이 현실에서는 찾아보기 힘들지만 끝내 모든 생명체의 빛나는 영광과 환희를 위한 매개가 아니었을까. 모든 시인이 기다리고 노래했던 인간의 지복至福은 아직 이루어지지는 않았지만, 앞으로도 시간이 흐르면서 시인의 손에 기록될 벅찬 꿈으로 남아 있을 것이다. 이는 종교와 사상이 인간에게 선사한 복된 앞날에 대한 신념과도 이어진다. 이런 의미에서 석동호 시인은 기독교 신앙을 바탕으로 자신에게 주어진 과업과, 만물에 대한 사랑과 그리움을 언어로 풀어낸다. 독실한 신심으로 가족과 환자, 그리고 자연이 품은 숭고한 생명력을 기록하면서 시인의 감성과 이성을 현실 세계에 투사하는 지성적인 면모를 잃지 않는다.

아버지 목관이 소각로 속으로 들어갈 때
다가설 수 없는 투명 벽이 우뚝 서 있다

"화장 중"이라는 글자가 껌벅이는 동안
세상의 길은 막혔거나 낭떠러지였다
20센티 콘크리트 바닥을 사이에 두고
불길 속에 아버지는 활활 날개 치듯 떠나
시는데
한 층 아래 내 앞엔 국밥이 놓여 있다
누군가 "산 사람은 먹어야 살 수 있다"며
흐린 하늘빛 국밥에 숟가락을 넣어 준다
더운 국물이 마른 식도를 적실 즈음
시린 강물 한 줄기 가슴속을 흐른다
불길 속을 한 시간 남짓 가시던 아버지
"화장 완료" 등이 켜지자 스피커로 부르
신다
강물처럼 사시던 아버지는 산화하고
자식 위해 부리던 뼈, 몇 조각만 남기셨다
파쇄기 소리가 잠시 귓바퀴를 돌다 멈추자
한줌의 가루로 아버지는 도자기에 담기
셨다
가볍디가벼운 아버지를 안고 돌아오는 길
유골함에서 강물 소리가 들려왔다

- 「시린 가슴으로 강물이 흐를 때」 전문

누군들 가족과 이별할 때의 슬픔과 아쉬움이 지극하지
않겠느냐만 특히 부모님의 죽음은 특별한 슬픔으로 다가
온다. 아버지의 죽음과 화장, 그리고 가루가 된 육신이 담
긴 유골함을 보듬고 돌아오는 화자의 먹먹함과 아버지에

대한 애틋한 그리움이 형상화된 작품이다. "강물처럼 사시던 아버지는 산화하고/ 자식 위해 부리던 뼈, 몇 조각만 남기셨다/ 파쇄기 소리가 잠시 귓바퀴를 돌다 멈추자/ 한 줌의 가루로 아버지는 도자기에 담기셨다/ 가볍디가벼운 아버지를 안고 돌아오는 길/ 유골함에서 강물 소리가 들려왔다"는 화자의 덤덤한 진술에서 한평생 아버지의 모습이 필름처럼 인화되어, 짧지만 강한 여운으로 화자의 가슴에 머물고 있음을 상상하게 된다. 유골함에서 들리는 강물 소리에는 비단 아버지의 죽음에 따른 회상이나 그리움을 넘어 속절없이 흐르기만 하는 세월의 야속함과 삶의 허무함이 묻어 있다. 아버지의 죽음을 매개로 삶의 공허함과 함께, 남은 생명의 소중함을 어떤 방향으로 이끌어 갈지 숙고하는 시간을 본다. 시인에게 삶과 죽음은 그 자체로 의미가 깊은 것이지만, 이러한 생명의 순환이 하늘이 자신에게 준 소명 의식을 더욱 철저하게 다지는 쪽으로 여기고 있음을 발견하는 일은 어렵지 않다.

　　나의 하루가 길을 찾는다

　　길은 가슴을 열어 놓은
　　영혼의 오솔길이다

　　사람들은 갈대처럼 흔들리는
　　형형색색의 이야기를

바람처럼 구름처럼 써 내려간다

길모퉁이에서 발자국은 스러지고
외발자국을 부축한 목발이 걷고 있다

내 눈에 걸어 들어온 슬픈 영혼들

저녁노을이 심실 벽에 물드는 시간
황금빛 하루하루가 찍혀 있는 지문들

외로움은 붉게 차오르고
길은 어머니의 품이 되어
서로를 부축하는 발자국들을
가슴처럼 끌어안고 잠을 청한다

별빛 흩날리는
겨울밤에

– 「길과 시詩」 전문

소명 의식은 시인에게 주어진 길을 더욱 확고하게 걸을
수 있는 의지와 용기를 심어준다. "길은 가슴을 열어 놓은
/ 영혼의 오솔길이다"란 진술에서 시인에게 길과 시를 보
는 관점 하나를 귀띔한다. 시인이 걸어가는 생명과 삶의
길은, 시인의 직업인 의사뿐만 아니라 시인으로서 걸어가
야 하는 시의 길이기도 한 셈이다. 길은 모두의 발아래 놓

여 있는 생명의 통로이자 의지가 진행되는 출발점이다. 이 갈림길에서 수많은 사람이 청맹과니처럼 잘못된 선택을 하거나 욕망이 부추기는 경로로 발을 내딛다가 스캔들 (scandal)의 함정에 빠지고 만다. 헛디딘 발에 스스로 넘어져서 더 이상 일어서지 못하거나, 잘못된 길인 줄 알면서도 기어이 걷고야 마는 객기를 동력 삼아 휘청거리면서 위태로운 삶을 이어 나가는 경우도 많다. 그런 의미에서 시인은 보통 사람이 생각하듯 불안하거나 좌절에 빠지지 않고 의연하게 주어진 길을 받아들인다. "외로움은 붉게 차오르고/ 길은 어머니의 품이 되어/ 서로를 부축하는 발자국들을/ 가슴처럼 끌어안고 잠을 청"하는 따뜻한 이정표로써 시인에게 신호를 보내는 길에 가깝다고 보아야 할 것이다. 이처럼 길은 생명의 온당한 방향으로 시인을 이끌어 주면서 그 자신 시인으로서 걸어가야 할 시의 등대로 자리매김한다.

새털구름이 바다의 가슴을
현악기처럼 줄을 튕기며
바다의 성대를 울리고 간다

레가토의 부드러운 눈빛으로
물비늘의 숨결을 스치며
달려드는 파도의 끊임없는 유혹에
구름치마 휘날리며 춤추는 바다여

저 멀리
작은 고깃배를 향해 던지는
축배의 노래가 있어

조명 아래 펼쳐진 백사장 은빛 모래
바다에 모여드는 이름 모를 실루엣들,

하루는 위안이다
넘쳐서 부르는
아직 그치지 않는 슬픔이 있다

- 「바다가 부르는 아리아」 전문

  이번 시집에 실린 바다 시편들 가운데 한 편이다. 그에게 바다는 자연의 생생한 날것 그대로의 모습이면서 동시에 생명력이 분출하는 공간이기도 하다. 수많은 사람이 바다를 통해 삶의 여정에 지문을 남겼으며, 생업과 무역을 위한 활로로 이용하였다. 바다는 지금까지 숱한 시인들이 창작 재료로 활용하였다. 문학에서 바다는 생성과 죽음, 그리고 생명의 신비와 경이로움을 상징한다. 이러한 상징적 의미뿐만 아니라 실제 바다가 사람에게 주는 이미지와 의미는 이루 말할 수 없을 정도로 무한하고 숭고한 것이어서 문학을 비롯해서 음악이나 미술과 같은 다른 예술 장르의 소재로도 빈번하게 쓰이고 있다는 점을 기억한다면, 바다는 익숙하면서도 한편으로 낯선 공간의 감각이 교차하는 대상이라는 사실을 알게 된다. 위 시에서 조금 특이한 부분은 "하루는 위안이다/ 넘쳐서 부르는/ 아직 그치지 않는 슬픔이 있다"는 마지막 연이 이전의 활기차고 생동감 넘치는 바다 이미지와 다른 결을 보이는 점이다. 바다는 하루하루 우리에게 위안이 되기도 하지만 늘 슬픔을 품고 있다는 의미로 받아들인다면, 위 구절이 보이는 어두운 색채는 바다의 역동성과 어우러져 이중성을 띨 수밖에 없는 복합적이고 중층적인 성질을 넌지시 던지고 있다고 보아야 할 것이다.

신비함으로 가득한 이 세계에서 소명 의식 하나만으로 무거운 삶을 지탱하는 일이 그리 만만하지 않다. 시인도 잘 알고 있듯이 저마다 다양한 가치관과 의식을 지닌 채 어울려 살아야 하는 인간 사회에서 늘 중용의 자리를 지키는 게 쉽지 않다. 마음먹은 대로 이루어지지 않아도 인내와 끈기를 바탕으로 넘겨야 하는 상황도 일어나고, 수월하게 진행될 듯한 일도 예기치 못한 사정으로 막혀버리기도 한다. 이런 불쾌하고 씁쓸한 모든 경험을 아우르는 것이 삶일 수밖에는 없다.

검은 입김이 참 깊다
검은 몸 어둠이 도심을 덮는다
철 지난 이야기들이
이파리 파릇파릇 우거지다가
여기저기 묻히고 있다

거울은 얼굴 앞에 금이 가고
욕망은 신의 자리에 들어서고 있다
비웃음 속에 질식 당한 진실은
이제는 더 이상
거래의 대상이 아니었다

우리는 언제부터 거짓을 배우며
서로를 속이는 법에
익숙한 처지가 되어
조용히 눈을 감고 하루를 돌이킨다

하늘은 묵묵한 가운데
오늘도
그 깊은 마음을 숨긴다

그래도 우리는,
저 먼 하늘 끝
희미한 빛을 믿는 우리를
아실까 몰라
가슴은 여밀수록 쓰라리고
어둠 속에 들어가 문을 닫는다

그나마 하늘이 쓰다듬는다는
감사한 우리들의 슬픔으로
아직도 우리들은 버려지지 않았다며.

－「조용한 눈」전문

진실이 호도되고 욕망이 신성한 자리에 들어선 현대인

의 비극적인 실존의 단면을 드러내는 작품이다. 여기서 '침묵'하는 화자의 깊은 속내를 들여다보면 상처와 고름으로 가득 찬 내면을 읽을 수 있을 것이다. "우리는 언제부터 거짓을 배우며/ 서로를 속이는 법에/ 익숙한 처지가 되어/ 조용히 눈을 감고 하루를 돌이"키지만 "그나마 하늘이 쓰다듬는다는/ 감사한 우리들의 슬픔으로/ 아직도 우리들은 버려지지 않았다"는 믿음을 견지한다. 거짓과 허위의식으로 가득한 세상에서 신앙과 결부된 굳건한 믿음으로 나날을 이어나가고 있는 듯한 시인을 보게 된다. 비단 종교가 아니더라도 우리 모두는 나름대로 자신만의 믿음을 견지하고 있을 것이다. 세상에 나서 사람들과 부대끼며 살다 왔던 곳으로 돌아가는 것이 인생이다. 그래서 잘-나고(生) 못-나고(生), 혹은 잘-생기고(生) 못-생기고(生) 관계없이 저마다 뿌린 마음과 행동에 따라 정확히 거두어 가는 이치를 사람들은 알 듯 모를 듯 자기만의 길을 걷는 것이다. 돈독한 신앙심으로 역경을 헤쳐 나가는 사람이라면 세속의 번잡함에서 비롯하는 갈등과 고통은 아무것도 아니다. 이것은 하늘이 자신에게 내린 시련으로 받아들이기 때문이요, 그 시련을 딛고 영광된 선물을 받아들이는 자의 순결한 마음을 스스로 믿기 때문이다.

거세게 내리는
비처럼

혼신으로 빛나는
별처럼

그러다
그리움 안고
저 깊은 허공을
치열하게 낙하하는

밤하늘의 유성처럼

흔적 없이 그어 내린

하늘과 맞닿은
가느다란 하나의 선

피어나듯 안기는
미소
아니면 간절한 포옹,

ㅡ「삶」전문

한마디로 시인에게 삶은 "비처럼" "별처럼" "유성처럼"
"흔적 없이 그어 내린// 하늘과 맞닿은/ 가느다란 하나의
선"이다. 하늘과 이어져 있는 선, 이것이 사람을 사람이게
끔 하는 끈이요 매듭이다. 사람은 '삶'으로써 자신을 증명
하고, 이 삶은 사람이 이마를 하늘을 향해 올려다보며 '임
아'라 부르는 전 과정이라고 할 수 있을 것이다. 인간이기

에 하늘을 머리에 이고 살 수가 있다. 머리를 땅에 처박고 맨날 먹을 것만 구하는 짐승들과는 다른 점이다. 삶을 허투루 살아서는 안 되는 까닭이기도 하다.

하지만 삶은 우리에게 참으로 버거운 소명일 수밖에 없다. 삶이 주는 무게에 짓눌려 스스로 생을 포기해 버리거나, 주어진 삶에서 올바른 선택을 하지 않고 일부러 제 욕망이 부르는 손짓만 따라가기도 한다. 부귀와 명예를 좇다가 허망한 인생의 행로에 몸과 마음을 다치기도 한다. 오직 하나만을 그리면서, 그리고 오직 하나가 던지는 말씀으로만 육신을 보듬으며 살아가는 삶은 드물다. 하물며 시인이라고 해서 그런 맑은 정신으로만 살 수는 없을 것이다. 그러므로 늘 잊지 않고 되돌아보는 하루하루를 염원하면서 하늘과 이어져 있음을 명심하는 삶을 되뇌는 현실 세계를 갈망하는 수밖에 별다른 도리가 없다. 이는 순명의 의미를 깨닫는 일이기도 하면서 생명이 참으로 소중하고 고귀하다는 진실을 다시 한번 곱씹는 일임을 시인은 밝히고자 하지 않았을까.

> 수술실에서 집도를 시작할 때면
> 맞은편에 조수로 서 있는 동반자가 계신다
> 수술을 시작하기 전에,
> 항상 내 두 손을 모두어 기도로 인도하신다
> 까다롭고 힘든 수술일수록 당신의 기도는
> 지혜의 등불처럼 뇌리 속을 밝게 깨워 주고

신들바람처럼 이마의 땀을 식혀 주신다
난감한 상황에 직면하게 되면 먼발치 너머
격려의 기도와 응원하는 눈빛으로 바라보
시다
수술하는 시야를 밝혀 주시며
"아가! 이렇게 하면 되겠네!" 귀뜸해 주신다
수술실엔 언제나 당신의 훈훈한 온기가 흐
르고
우주의 아픈 별들이 안식하며
영혼의 숨 고르기를 하는 안식처 같다
바벨의 세상 유혹에 병들은 고독한 육신들,
슬피 울다 마취의 늪에 빠지게 되면
밤이 낮의 시간을 통째로 제한하듯
찾아오는 안식으로 고통을 잊는 것
그들의 영혼이 하늘의 진정한 안식이기를
그리하여 세상으로 평안히 낙하하기를
수술을 마칠 때까지 기도의 손을 풀지 않으
시고
아들의 목소리를 기다리고 기다리신다
여태껏 어머니는 수술실을 떠나지 못하신다

－「수술실의 나의 투명 동반자」 전문

위 시에서 보여주는 어머니의 아들에 대한 극진한 믿음
과 사랑은, 의사로서 화자가 수술을 집도할 때마다 보이
지 않는 힘과 격려를 보내주고 있다고 군건하게 확신하는

데서도 알 수 있다. 동반자처럼 "수술을 시작하기 전에,/ 항상 내 두 손을 모두어 기도로 인도하"시고, "수술을 마칠 때까지 기도의 손을 풀지 않으시고/ 아들의 목소리를 기다리"시는 어머니는 화자에게 절대적인 믿음과 사랑의 분신이다. 육친에 대한 사랑을 이미 넘어서 종교적이고 절대적인 존재로까지 생각하는 어머니의 의미는 비단 모친이라는 특정한 존재의 영역을 넘어선 자리로 여기면 그 의미의 영역은 확대된다.

화자와 어머니는, 이 세상 모든 존재와 절대자의 관계와 비유된다. 화자에게 어머니는 신앙을 공유하는 신자에게 절대자의 관계처럼 숭고한 존재다. 이런 신실한 신앙과 사랑이 있었기에 시인은 늘 감사와 존중, 그리고 타인에 대한 배려와 생명에 대한 경외감을 잃지 않고 경건하게 살아갈 수가 있는 것이다. 시인에게 주어진 소명 의식은 직업정신과 함께 생명과 영혼에 대한 깊은 이해와 믿음, 아울러 신앙심에서 비롯하는 낮은 자세와 태도로 더욱 투명해진다. 여기에 시인으로서 갖춰야 하는 세계를 꿰뚫는 혜안과 깊은 심미안에 대한 갈구는 이번 시집을 단순한 종교 시편으로 치부하기 힘든 면모로 바라보게 하는 것이다.

나의 시에는
아련한 풍경을 담은

구름 몇 척,
바람의 등줄을 타고 흘러간다

출렁이는 음성 하나,
어머니의 노래는 바다였고
섬들은 당신의 눈동자였다

나의 시가 눈을 떠 하늘을 보면
어머니는 어느새
가을빛이 베인 단풍 한 잎 되어
바람결에 내려와
내 어깨를 감싼다

말 없는 빈자리에
숨결도 없이 다가왔다
긴 고요로 앉아 있던 당신,

불현듯 반짝이는 별빛 시어로
기억의 골짜기를
무언의 등불처럼 비추고 있다

– 「나의 시에는」 전문

"출렁이는 음성 하나,/ 어머니의 노래는 바다였고/ 섬
들은 당신의 눈동자였다"는 진술에서도 알 수 있듯, 시인
에게 어머니는 삶의 크나큰 버팀목이자 지렛대요 가늠자
였다. 어머니에 대한 사랑이 시인으로서 시 창작에 중대
한 영향을 미치고 있음을 알 수 있다. 시인은 '어머니'라는

대상, 혹은 시인의 실존을 형성하는 가장 중요한 존재에게 헌사를 올리고 있는 셈이다. 어머니는 삶을 바로 세우는 단 하나의 기호이다. 시를 쓰게 하는 단 하나의 이유요 목적이라고까지 할 수 있을 것이다. 어머니로부터 받은 생명으로 삶을 영위하면서 생명과 사랑의 의미를 알게 되었을 수도 있다. 의사로서, 그리고 시인으로서 한 인간의 실존이 점점 넓어지고 깊어지는 과정을 시인은 여과없이 이번 시집을 통해 보여주고 있다.

시는 그리움으로 끝까지 밀고 가는 영혼의 몸짓이요 손짓이다. 그러한 그리움으로 말미암아 시를 쓸 수 있고, 문학을 할 수 있다. 석동호 시인에게 창작의 가장 깊은 원동력은 '어머니'로 상징되는 절대 구원의 존재이다. "말 없는 빈자리에/ 숨결도 없이 다가왔다/ 긴 고요로 앉아 있던 당신"처럼 기도와 사랑으로 시인을 조용히 응시하는 존재가 있기에 시인은 앞으로도 시 쓰기를 멈추지 않을 것이다.

이번 시집에서는 최근의 '의료사태'를 바라보는 시인의 안쓰러움과 분노 또한 볼 수 있다. 그리고 유년의 기억과 함께 소환된 친구에 대한 형상화와 형형색색의 의미를 전해주는 바다 이미지에서 생명의 신비를 재확인할 수 있다. 무엇보다도 시인에게 중요한 것은 기독교적 이타심과 사랑의 실천일 것이다.

하늘이 어깨를 내리고 바다에 닿을 때
아픈 여생의 신열身熱을 침묵으로 답하
는 바다

선 하나로
하나가 되는 하늘과 바다는
파도의 순명殉命을 구름 태워
신비의 체위로 바다에 안기는데

바다는 하늘의 젖꼭지를 꿈꾸듯 빨아
눈부신 꽃대를 세워 무지개로 떠 있네

모였다 흩어지고 다시 모이는 하늘과 바다

송곳니 같은 파도가
인고의 바람을 몰아갈 때
서로를 어루만지며 태초의 별자리를 잉
태했네

달려오고 달려나가 옷고름 여미는
어울림은 수줍은 은유,

큰 언약 하나 지구 밑동에 심어 놓고
태풍의 눈에 거대한 시의 적막을 드리운 채
바다는 수평선 위에 황홀한 하늘을 업었네

　　　　　– 「수평선을 읽다」 전문

시인이 살면서 실천하고 있는 기독교적 이타심은 자연

을 응시하는 눈매에 들어오는 숭고한 풍광을 묘사하는 위의 시에 녹아 있는 정신과도 상통한다. 바다와 하늘이 만나는 경계라고 할 수 있는 '수평선'을 "송곳니 같은 파도가 / 인고의 바람을 몰아갈 때/ 서로를 어루만지며 태초의 별자리를 잉태했네"와 같은 상징 및 비유와 관계하는 의미로 설정할 때, 시인에게 바다는 한 마디로 숭고한 우주적 탄생이 시작되는 공간이 된다. "태풍의 눈에 거대한 시의 적막을 드리운 채/ 바다는 수평선 위에 황홀한 하늘을 업"는 거대한 우주 서사를 시인은 상상한다. 여기에서 바다와 하늘은 수평선을 그으면서 장엄한 생명의 빛과 순환을 상징하기도 하지만, 태초의 말씀으로 말미암아 뭇 생명을 낳고 기르게 하는 모태로서 인간의 거룩한 역사를 추동하고 둘러싸는 배경으로도 작용한다. 시인은 이를 "수줍은 은유"라는 구절로 표현하는데, 우주의 섭리가 미치지 않은 곳이 없는 존재의 모서리마다 피어오르는 생명의 환희와 기쁨을 지시하는 진술이라고 보아도 무방할 것이다.

> 십자가에 못 박히신 주님의 피눈물 같이
> 그 푹 파인 통성의 흔적이 선명하다
>
> 잡초처럼 무성했던 지난 시간의 영혼
> 가라지 뽑혀 나간 구덩이에도
> 성령의 새싹들이 돋아나게 하소서
>
> 우리의 영혼은 한없이 가엾은 것,

영혼의 본향인 하늘 우러러
감사와 찬양으로 주님께 영광되게 하소서

새벽 강가에서 엎드려 참회하오니
주께서 내리신 은총의 이슬로
나약한 영혼을 흠뻑 젖게 하시고
십자가를 지고 당신의 길 걸어가게 하소서

사랑으로 충만하신 주여!
평화로운 당신의 품안에서 열리는 새해
오곡백과 가득하게 하심같이
우리를 사랑으로 가득하게 하소서

어미 새의 둥지를 찾는 어린 새 새끼 같은
우리를
당신의 품에 꼬옥 안아 주시고
가나안의 젖과 꿀로 배불리시어
세상 땅 끝까지 날아가
선한 날갯짓 하게 하소서!

　　　－「강가에서 올리는 새 아침의 기도」 전문

　한 편의 온전한 기도문이기도 한 위 시에서 시인이 올리는 기도에 담긴 정성된 마음을 읽는다. "새벽 강가에서 엎드려 참회하오니/ 주께서 내리신 은총의 이슬로/ 나약한 영혼을 흠뻑 젖게 하시고/ 십자가를 지고 당신의 길 걸어가게 하소서"란 진술에서 주님의 은총으로 주님이 가신 길을 걷게 해달라는 마음의 결에는, 비록 삶에 힘겨워하고 비천한 마음가짐과 행동으로 사람들에게 미움과 증오를 받는 사람에게서조차도 용서를 바라는 심정이 들어 있을 것이다. 유한한 인간이 절대 존재가 내뿜는 무한한 사랑의 빛에 쪼여 다시 탄생할 수 있도록 간구한다. 비참한 삶을 보내고 있는 자일지라도 언젠가 절대의 따뜻한 품속으로 안기기를 희구하는 시인의 마음이 훤하다.

이렇듯 석동호 시인의 시는 기도와 염원으로 가득 차 있다. 이런 의미에서 그의 시는 만물을 지어내시고, 만물을 키우시며, 만물을 거두어들이시는 절대자를 그리며 부르는 송가이자 찬가이다. 시 또한 원래 그리움의 원천을 찾아 나서는 여정이라고 할 때, 이번 시집에서 확연하다고 할 수 있을 것이다.

별빛 찾아가는 길

초판인쇄 ｜ 2025년 9월 15일
초판발행 ｜ 2025년 9월 20일
지 은 이 ｜ 석동호
펴 낸 곳 ｜ 빛남출판사
등록번호 ｜ 제 2013-000008호
주　　소 ｜ 부산시 사하구 감천로21번길 54-6
　　　　　　 T.(051)441-7114　 **E-mail.**wmhyun@hanmail.net

ISBN 979-11-94030-21-8(03810)

값 15,000원.

＊이 시집은 2025년 부산광역시, 부산문화재단 〈부산문화예술지원사업〉의
　지원을 받아 제작하였습니다.